Geschäftsprozessmodellierung durch UML. Ansätze und Einsatzpotentiale

Arno Wunderlich

liografische Information der Deutschen Nationalbibliothek:

 Deutsche Nationalbibliothek verzeichnet diese Publikation in der
tschen Nationalbibliografie; detaillierte bibliografische Daten sind
nternet über http://dnb.d-nb.de abrufbar.

ISBN: 9783346417183
Dieses Buch ist auch als E-Book erhältlich.

RIN Publishing GmbH
phenburger Straße 86
36 München

Rechte vorbehalten

k und Bindung: Books on Demand GmbH, Norderstedt Germany
ruckt auf säurefreiem Papier aus verantwortungsvollen Quellen

vorliegende Werk wurde sorgfältig erarbeitet. Dennoch
nehmen Autoren und Verlag für die Richtigkeit von Angaben,
veisen, Links und Ratschlägen sowie eventuelle Druckfehler keine
ung.

Buch bei GRIN: https://www.grin.com/document/1014665

FOM HOCHSCHULE FÜR OEKONOMIE UND MANAGEMENT DÜSSELDORF

BERUFSBEGLEITENDER STUDIENGANG ZUM

BACHELOR OF SCIENCE

WIRTSCHAFTSINFORMATIK

4. FACHSEMESTER

Scientific Essay in Geschäftsprozessmodellierung

Einsatz der UML zur Geschäftsprozessmodellierung

Autor: Arno Wunderlich

Abgabetermin: 31.05.2020

Inhaltsverzeichnis

Abkürzungsverzeichnis

AD	(UML) Aktivitätsdiagramm
BPMN	Business Process Modeling Notation
(e)EPK	(erweiterte) Ereignisgesteuerte Prozesskette
GPM	Geschäftsprozessmodellierung
ISO	International Organization for Standardization
OMG	Object Management Group
UML	Unified Modeling Language

Abbildungsverzeichnis

1 Einleitung

1.1 Problemstellung und Zielsetzung

Die meisten Unternehmen verfügen über eine Übersicht der Geschäftsprozesse, die unter anderem als Ausgangspunkt für eine Optimierung verwendet werden kann. Um einen Prozess effizienter zu gestalten, wird in den letzten Jahrzehnten immer mehr auf Informationstechnologie zurückgegriffen.[1] Wichtige Schlagwörter sind hier Digitalisierung, Automatisierung, IoT und Industrie 4.0. Durch die zunehmend wichtiger werdende Rolle von computergestützten Arbeitsschritten bekommt auch die Frage nach der optimalen Darstellung der Informationssysteme in der Geschäftsprozessmodellierung immer mehr Relevanz. Geschäftsprozesse werden meisten in einer prozessorientierten Modellierung, wie BPMN oder eEPK, dargestellt. Ein Großteil der Implementation von neuen Prozessen findet allerdings durch Softwareentwickler statt. Diese sind in vielen Fällen nicht mit den genannten Notationen vertraut. Würde die Modellierung der Prozesse allerdings in einer ihnen vertrauten Notation, wie der softwareorientierten UML, stattfinden, würden mögliche Hindernisse in der Kommunikation wegfallen. Zudem könnte die Modellierung der Geschäftsprozesse direkt zur Softwareentwicklung weiterverwendet werden. Zielsetzung dieser Arbeit ist es, die Einsatzpotentiale der UML zur Geschäftsprozessmodellierung zu untersuchen, einige Ansätze vorzustellen und anschließend eine verallgemeinernde Chance und Grenzen - Abwägung vorzunehmen.

1.2 Aufbau der Arbeit

Zunächst werden in einem Grundlagenkapitel die beiden Begriffe der Geschäftsprozess-modellierung und der UML kurz erläutert und ausgewählt UML Diagramme kurz vorgestellt. Im dritten Kapitel wird zunächst ein auf die verschiedenen Sichten der GPM fokussierendes UML Konzept vorgestellt, dann ein Schema zur Modellierung der Prozesssicht und drittens eine Transformationsanleitung zur Umwandlung von eEPK in UML Diagramme. Im nächsten Kapitel soll dann eine Betrachtung der Vorteile und der Herausforderungen dieser Ideen werden. Beendet wird diese Ausarbeitung mit einer zusammenfassenden Bewertung.

Vgl. Staud, 2006, S. 1

2 Grundlagen

2.1 Geschäftsprozessmodellierung

Unter einem Geschäftsprozess versteht man eine zielgerichtete, zeitlich - logische Abfolge von Aufgaben, die arbeitsteilig unter Nutzung von Informations- und Kommunikationstechnologien ausgeführt werden und der Erstellung von Leistungen dienen.[2] Welche Leistungen erbracht werden sollen leitet sich aus der Unternehmensstrategie ab. Geschäftsprozessmodellierung (GPM) beschreibt die Abbildung von Realitätsausschnitten aus einem Geschäftsfeld unter einer fachlich - konzeptionellen Perspektiven in einem Geschäftsprozess.[3] Vereinfacht gesagt strukturiert GPM (Teil-) Geschäftsprozesse in Diagrammen. Der Detailierungsgrad der Modellierung kann individuell festgelegt werden. Die beiden großen Ziele der GPM nach *Staud* sind die Dokumentation der Geschäftsprozesse und der Arbeitsschrittreihenfolge und die Optimierung der Geschäftsprozesse, deren Schwachstellen bei der Modellierung erkannt werden können.[4] Die Dokumentation wird beispielsweise für eine ISO 9000 - Zertifizierung oder zur Einführung von Software benötigt.[5] Es gibt eine Vielzahl von unterschiedlichen Notationen, die zur GPM verwendet werden können. Im deutschsprachigen Raum werden hauptsächlich (e)EPK und BPMN verwendet, wobei Letztere immer populärer wird.[6]

2.2 UML

2.2.1 Allgemeines UML

Die Unified Modeling Language (vereinheitliche Modellierungssprache) ist ein Standard der Object Management Group (OMG) zur objektorientierten Modellierung, der meistens bei der Software- und Informationssystementwicklung eingesetzt wird,[7] und auch ISO genormt ist. Die Notation baut nicht auf theoretischen Prinzipien auf, sondern stellt eine standardisierte Zusammenstellung von sogenannten best practies - Vorgehensweisen bei

---

[2] Vgl. Gadatsch, 2002, S. 24
[3] Vgl. Gadatsch, 2002, S. 2
[4] Vgl. Staud, 2006, S. 17
[5] Vgl. Staud, 2006, S. 17
[6] Vgl. Allweyer, 2020, S. 10
[7] Vgl. King & Pooley, 1999, S. 1

der Analyse und dem Design von Softwaresystemen dar.[8] Die UML ist mehr als eine graphische Notation für Diagramme, sie beschreibt auch die Beziehungen zwischen den in den UML-Modellen verwendeten Objekten.[9] Eine genaue Betrachtung der softwareorientierten UML Notation würde den Rahmen dieser Arbeit sprengen, daher sollen nur drei UML Diagramme beschrieben werden. Die gesamte Dokumentation ist auf der Internetseite der OMG zugänglich.[10]

2.2.2 Diagramme

2.2.2.1 Anwendungsfalldiagramm

Anwendungsfalldiagramme werden auch Use Case - Diagramme genannt. In der Praxis werden oft alle Use Cases enthaltenden Grafiken als Anwendungsfalldiagramme bezeichnet, obwohl Use Cases auch in anderen Diagrammen verwendet werden können.[11] Inhaltlich wird in einem Anwendungsfalldiagramm die Beziehung zwischen Anwendungsfällen und Akteuren - die physische Personen sein können, aber nicht müssen [12] - dargestellt und somit eine statische Übersicht über die Anwendungen eines Softwaresystems geboten.[13] Vereinfacht gesagt wird dargestellt, wer mit der Software interagiert und um welchen Vorgang es sich handelt.

2.2.2.2 Aktivitätsdiagramm

Im Gegensatz dazu beschreiben Aktivitätsdiagramme (englisch Activity Diagram) auch die zeitliche Abfolge eines Anwendungsfalls. In Anwendungsfalldiagrammen kann der Kontroll- und Datenfluss dargestellt werden.[14] Somit kann beschrieben werden, in welcher Reihenfolge und unter welchen Bedingungen, welche Aktion ausgeführt wird. Sie heben also den Steuerungsfluss von Objekten untereinander hervor.[15] Durch Aktivitätsdiagrammen können die einzelnen Schritte innerhalb eines Anwendungsfalls detailliert dargestellt werden.[16]

---

[8] Vgl. Dobing & Parsons, 2005, S. 2 f.
[9] Vgl. Fowler, 2004, S. 1
[10] Siehe dazu: https://www.omg.org/spec/UML/2.5.1/PDF
[11] Vgl. OMG, 2017, S. 643 ff.
[12] Vgl. OMG, 2017. S. 640
[13] Vgl. Booch, Rumbaugh & Jacobson, 2005, S. 53
[14] Vgl. OMG, 2017. S. 373
[15] Vgl. Booch, Rumbaugh & Jacobson, 2005, S. 53
[16] Vgl. Tolg, 2019, S. 13

2.2.2.3 Klassendiagramm

Klassendiagramme sind im Gegensatz zu den beiden bisher vorgestellten Diagrammen, die zu den Verhaltensdiagrammen gehören, Strukturdiagrammen.[17] Durch Klassendiagramme können in der UML die verschiedenen Klassen und ihre Beziehungen untereinander dokumentiert werden.[18] Dadurch bilden sie eine Grundlage für die spätere Implementierung der Software, da die Diagramme oft automatisiert in ein Quellcodegrundgerüst überführt werden können.

---

[17] Vgl. OMG, 2017. S. 726 und S. 739
[18] Vgl. Tolg, 2019, S. 19

3 UML basierte Ansätze zur Geschäftsprozessmodellierung

3.1 Eriksson - Penker Business Extension

Die Eriksson - Penker Business Extension ist eine Erweiterung der UML um Symbole, Regeln und Ressourcen. Dieser Ansatz umfasst vier Sichten auf Geschäftsprozesse. Der Business Vision View gibt eine Übersicht über das Geschäftsmodell, die Ziele des Unternehmens und die Probleme und Lösungsansätze zur Zielerreichung. Die Unternehmensziele werden als Kurzaussage, die Ziele und Probleme als Objektdiagramm und die Lösungsansätze als Klassendiagramm modelliert.[19] Die zentrale Sicht, der Business Process View, stellt die Aktivitäten und die Wertschöpfung, die durch den jeweiligen Geschäftsprozess erzeugt wird, dar. Dazu werden die Interaktionen zwischen den verschiedenen Prozessen und zwischen den Ressourcen, also beispielsweise Personen oder Informationssysteme, und den Prozessen gezeigt. In der Erweiterung wird diese Sicht durch ein Aktivitätsdiagramm repräsentiert, das u.a. durch Swimlanes und Stereotypen erweitert wird.[20] Der Business Structural View zeigt die Struktur der Ressourcen, Produkte und Informationssysteme, also beispielsweise die Aufbauorganisation und die IT-Systemlandschaft.[21] Dies wird als Klassen- und Objektdiagramm modelliert. Die letzte Sicht der Erweiterung ist der Business Behavioral View, der das Verhalten der Ressourcen und Prozesse und die Interaktion zwischen ihnen u.a. mittels Sequenz- und Kommunikationsdiagramm illustriert.[22]

3.2 UML 2.0 Aktivitätsdiagramme zur GPM nach Russel

Nach *Russel et. al.* eignen sich UML 2.0 Aktivitätsdiagramme (AD) zur detaillierten Modellierung von Geschäftsprozessen auf einer niedrigen Ebene.[23] Dabei betrachten sie insbesondere Diagramme auf der Steuerungssicht. Dazu untersuchen sie die Tauglichkeit von Aktivitätsdiagrammen für die Modellierung des Kontrollflusses und der Daten- und Ressourcenperspektive. Zur Darstellung des Kontrollflusses stehen in UML AD neben dem gradlinigen Kontrollflusskanten u.a. unterschiedliche Entscheidungsknoten und

---

[19] Vgl. Eriksson & Penker, 2000, S. 6
[20] Vgl. Eriksson & Penker, 2000, S. 6 f.
[21] Vgl. Eriksson & Penker, 2000, S. 7
[22] Vgl. Eriksson & Penker, 2000, S. 7 f.
[23] Vgl. Russel, Aalst, Hofstede & Wohed, 2006, S. 1

Teilungs- und Synchronisationsmöglichkeiten zur Verfügung.[24] Die Datenperspektive, die anhand unterschiedlicher Datenmuster vorgestellt wird, kann in UML u.a. durch Datenobjekte, Objektknoten, Aktionen und Parametern modelliert werden. Damit lassen sich die auf den beiden vorherigen Sichten betrachteten Entwurfsmuster *Russel et. al* zufolge größtenteils umsetzten. Organisationselemente können in UML Aktivitätsdiagrammen durch Partitionen dargestellt werden, viele Ressourcenpattern werden allerdings nicht unterstützt.[25] Dies betrifft beispielsweise Interaktionen mit der Umwelt oder Interaktionen zwischen den Organisationselementen.

3.3 Transformationsprozess in softwareorientierte Modelle

Gernet, Köppen, Darkow und *Schwarz* haben ein Modell beschrieben, um in eEPK modellierte Geschäftsprozesse in softwareorientierte UML Diagramme zu transformieren. Ähnlich Regeln wurden 6 bereits für UML 1 aufgestellt, so beispielsweise

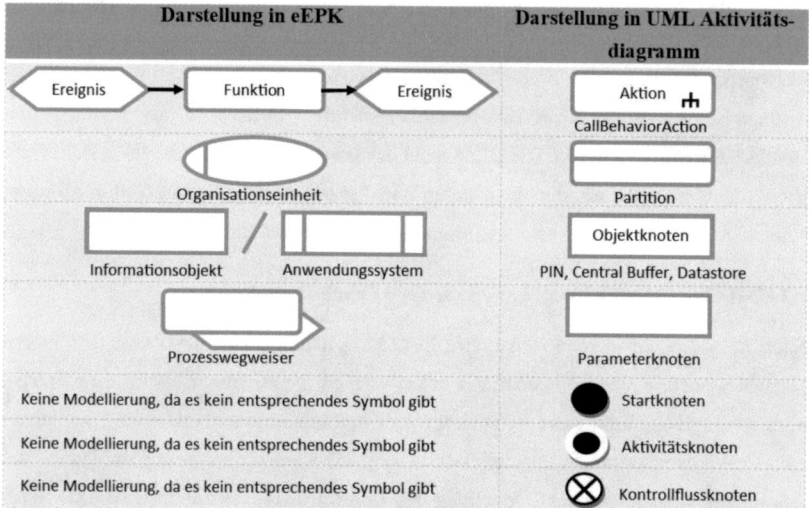

Abbildung 1: Transformationsregeln

Quelle: In Anlehnung an Gernet, Köppen, Darkow & Schwarz, 2005, S.

---

[24] Vgl. Russel, Aalst, Hofstede &Wohed, 2006, S. 3 f.
[25] Vgl. Russel, Aalst, Hofstede & Wohed, 2006, S. 3 ff.

von Nüttgens, Feld und Zimmermann.[26] Damit entfällt die Sprachbarriere zu Beginn eines Softwareentwicklungsprozesses. Dazu verwenden sie ein Aktivitätsdiagramm. Die dabei zur Anwendung kommenden Regeln werden in Abbildung 1 tabellarisch dargestellt.

Anhand dieser Regeln kann nun händisch ein einfaches eEPK in ein UML Aktivitätsdiagramm überführt werden. Zur Transformation der Ablaufsteuerung, also den Konnektoren in der eEPK, werden die in Abbildung 2 vorgestellten Regeln verwendet.

eEPK	UML
Aufteilendes UND	Parallelisierungsknoten
Zusammenführendes UND	Synchronisationsknoten
Aufteilendes XOR	Entscheidungsknoten
Zusammenführendes XOR	Zusammenführungsknoten

Abbildung 2: Regeln für Konnektoren

Quelle: In Anlehnung an Gernet, Köppen, Darkow & Schwarz, 2005, S. 8

---

[26] Vgl. Nüttgens, Feld, & Zimmermann, 1998, S. 4 ff.

4. Beurteilung der Einsatzpotentiale der UML zur GPM

4.1 Chancen

Ein Vorteil, der sich aus der Verwendung von UML zur GPM ergibt, ist das Wegfallen von Kommunikationshindernissen zwischen Geschäftsprozessmodellieren und Softwareentwicklern. Die Modellierer müssen zwar mit UML eine neue Notation verwenden, ihre Ergebnisse werden aber besser von den Entwicklern, die gängige GPM Notationen oft nicht lesen können,[27] verstanden. Die Umsetzung von Softwareeinführungsprojekten wird somit erleichtert. Dadurch können außerdem technisch nicht oder nur schwer umzusetzende Systementwürfe schneller aussortiert werden, da die Entwickler mit einem Blick auf den aktuellen Modellierungsentwurf die praktische Umsetzbarkeit beurteilen können. Zudem könnte so sichergestellt werden, dass die Ergebnisse der Geschäftsprozessmodellierung von den Softwareentwicklern überhaupt übernommen werden.[28]

Desweiteren sinken die Projektkosten und die Dauer. Denn der Modellierungsaufwand bei der Einführung von neuen Anwendungssystemen muss nicht mehrfach geleistet werden. Auch sind viele Programme zur Modellierung von Geschäftsprozessen kostenpflichtig. Diese Kosten können eingespart werden, indem nur noch die sowieso vorhandenen UML - Tools zur Modellierung verwendet werden. Eine weitere Chance ist die Möglichkeit ein Quellcodegrundgerüst aus UML Diagrammen, beispielsweise aus Klassendiagrammen, generieren zu lassen. So kann bei der Implementierung Zeit gespart werden.

4.2 Herausforderungen

Bei einer automatisierten oder händischen Transformation von Geschäftsprozessen aus der eEPK- in die UML - Notation können Informationsverluste auftreten, da beispielsweise die Organisationssicht in UML Aktivitätsdiagrammen schwer darstellbar ist. Hinzukommt, dass eine verlustfreie, automatisierte Transformation aus BPMN in UML

---

[27] Vgl. List & Korherr, 2005, S. 85
[28] Vgl. Oesterreich, 2005, S. 27

bisher nicht entwickelt wurde.[29] Es gibt immer noch Schritte, die manuell ausgeführt werden müssen, um Informationsverluste zu vermeiden.

Eine der Grenzen der GPM mit UML ist es, die bei anderen Notationen vorhandene Aufteilung zwischen einer Tätigkeit und einem daraus resultierenden Zustand bzw. Ergebnis zu gewährleisten. Dies ist in der UML mit den eigentlich zur Darstellung des Kontrollflusses gedachten Aktivitäten nur schwer möglich.[30] Eine weitere Schwierigkeit für die GPM mit UML ist Unfähigkeit der Notation mit Elementen außerhalb eines Aktivitätsdiagramms zu interagieren.[31] Insgesamt betrachtet ist die Modellierung der Organisationssicht in UML nur begrenzt möglich.[32]

Sollen analoge Geschäftsprozesse, bei denen folglich keine Informationssysteme betrachtet werden, modelliert werden, ist es nicht sinnvoll auf UML zurückzugreifen, da die Stärken von UML im Bereich der Softwareentwicklung verortet sind. Zudem fallen die Kommunikationshindernisse nur weg, wenn Modellierer und die Personen, die später den Geschäftsprozess implementieren, beide dieselbe Notation beherrschen. Diese „Konsensnotation" wird aber nur bei der Arbeit mit Softwareentwicklern UML sein können, da nur diese regelmäßig mit der UML arbeiten.

---

[29] Vgl. Venera, 2012, S. 942
[30] Vgl. Staud, 2006, S. 503
[31] Vgl. Russel, Aalst, Hofstede & Wohed, 2006, S. 6
[32] Vgl. Venera, 2012, S. 943

5 Fazit

Es ist nicht überraschend, dass mit auf GPM spezialisierte Notationen wie BPMN oder eEPK passgenauer modelliert werden kann. Die Geschäftsprozessmodellierung mit UML, meistens in Form von Aktivitätsdiagrammen, ist insgesamt betrachtet durchaus möglich, auch wenn die Modellierung eines beliebigen Geschäftsprozesses immer mit Herausforderungen verbunden ist, da in vielen Fällen individuelle Lösungen gefunden werden müssen. Es ist mit den Mitteln der UML zwar möglich, diese Herausforderungen zu lösen, aber mit zusätzlichem Aufwand verbunden. Daher muss genau abgewogen werden, ob mit der GPM in UML wirklich eine Aufwands- und damit auch Kostenersparnis verbunden ist und ob sonst bestehende Kommunikationshindernisse zwischen Modellierern und Entwicklern nicht durch die möglicherweise in den UML - Diagrammen enthaltenen Ungenauigkeiten, besonders in der Organisationssicht, wieder aufgezehrt werden.

Sollen analoge Geschäftsprozesse modelliert werden, ist die Verwendung von UML nicht sinnvoll. Zudem ist darüber nachzudenken, ob sich klassische GPM - Notationen, wie eEPK und die UML, ähnlich wie von *Staud* vorgeschlagen, nicht gut ergänzen. *Staud* vertritt die Meinung, dass eEPK die Gesamtzusammenhänge, Ziele und das Miteinander von Menschen und Systemen besser modellieren, während mit der UML in einem nachgelagerten Schritt eine Konkretisierung bezüglich der mitwirkenden Informationssysteme vorgenommen werden kann.[33] Dieser Meinung schließt sich der Verfasser dieser Arbeit in Bezug auf die Modellierung größerer Geschäftsprozesse an. Denn Spezialnotationen erfüllen die Zwecke, für die sie entwickelt wurde, meistens auch am besten. Ein Einsatzpotential der UML zur GPM ist aus Sicht der Verfasser die Modellierung von untergeordnete Teilprozesse mit Informationssystembeteiligung durch oder für Softwareentwickler. Hier ist die Verwendung der UML durchaus in Betracht zu ziehen.

---

[33] Vgl. Staud, 2006, S. 505

Quellenverzeichnis

Allweyer, T. (2020). *BPMN 2.0: Business Process Model and Notation – Einführung in den Standard der Geschäftsprozessmodellierung.* Norderstedt.

Booch, G. & Rumbaugh, J., Jacobson, I. (2005). *Das UML Benutzerhandbuch: Aktuell zur Version 2.0.* München.

Dobing, B. & Parson, J. (2005). *Current Practices in the Use of UML.* Berlin.

Eriksson, H. & Penker, M. (2000). *Business Modeling with UML.* Hoboken.

Fowler, M. (2004). *UML distilled: a brief quide to the standard object modeling language.* Boston.

Gadatsch, A. (2002). *Management von Geschäftsprozessen.* Braunschweig.

Gernet, C., Köppen, V., Darkow, O. & Schwarz, T. (2006). *Von Aris zu UML: Transformationen in der Prozessmodellierung.* In ObjectSpektrum, 6, S. 53 - 59.

King, P. & Pooley, R. (1999). *Using UML to Derive Stochastic Petri Net Models.* Bristol.

List, B. & Korherr, B. (2005). *A UML 2 Profile for Business Process Modelling.* In *Perspectives in Conceptual Modeling*, S. 85 – 96.

Nüttgens, M., Feld & T., Zimmermann, V. (1998). *Business Process Modeling with EPC and UML: Transformation or Integration?* Saarbrücken.

Oesterreich, B. (2005). *Objektorientierte Geschäftsprozessmodellierung und modell-getriebene Softwareentwicklung.* In *HMD Wirtschaftsinformatik*, 241, S. 27 – 34.

OMG. (2017). *OMG Unified Modeling Language (OMG UML) Version 2.5.1.* Abgerufen am 18. Mai 2020, von https://www.omg.org/spec/UML/2.5.1/PDF.

Russel, N., van der Aalst, W., ter Hofstede, A. & Wohed, P. (2006). *On the Suitability of the UML 2.0 ActivityDiagrams for Business Process Modelling.* Brisbane.

Staud, J. (2006). *Geschäftsprozessanalyse – Ereignisgesteuerte Prozessketten und objektorientierte Geschäftsprozessmodellierung für Betriebswirtschaftliche Standardsoftware.* Berlin.

Tolg, B. (2019). *Informatik auf den Punkt gebracht.* Wiesbaden.

Venera, C. (2012). *BPMN vs. UML Activity Diagram for Business Process Modelling.* Bukarest.